楽しい調べ学習シリーズ

ディベートを やろう！

論理的に考える力が身につく

特定非営利活動法人
[監修] 全国教室ディベート連盟

PHP

こんな子いないかな？

A小学校5年2組の学級会で、「給食の〈パンの日〉をやめて、すべて〈ごはんの日〉にするべきだ」というテーマについて、みんなで話し合うことになりました。

きちんとした理由を言わず、勝手なことを言っている。

絶対、ごはんの日にしたほうがいいよ。じゃないと給食食べない!!

イヤだ！ 反対！ パンの日がなくなったら学校に来ない！

うん、うん！

どっちにする？

「うん、うん」とあいづちだけをうっている。

一人ひとり、ちがった意見や考えがあるようですね。でも、それぞれがバラバラに声を上げるだけでは、話し合いが進みません……。

この本で紹介するディベートを学ぶことで、「話し合い」をする力を高めることができます。そして、自分の考える力をきたえるだけでなく、ほかの人の話を聞き、理解する力をつけることができます。

パンは家でよく食べているし、給食はごはんが多いほうがいいなぁ。ごはん食のほうがいろいろなおかずと組み合わせられるし、ごはんはパンより栄養がとれるようだし……

ハイ！ ハイ！

えっ 何？

それ本当？

ひそひそ　ひそひそ

ぼくはうどんがいいなぁ

大切な意見を言っているが、自信がなく、声が小さい。

人の意見をしっかり聞いていない。

もくじ

第1章　ディベートについて知ろう！

第2章　ディベートの準備をしよう！

この本の使い方

第1章 ディベートについて知ろう！

この章では、ディベートの基本を学びます。形式にのっとって進め、判定によって勝敗が決まるといった特徴や、論理的思考、理解力などディベートによってやしなわれる力、実際にあるディベートの種類などを解説します。

第2章 ディベートの準備をしよう！

ディベートを成功させるには準備が大切です。この章では論題の決め方から、メリット／デメリットの立て方、主張のための立論や反ばく、それらの原稿づくり、さらに証拠資料集めまで、必要な準備について、ひとつのケースを参考に学びます。

第3章 ディベートにチャレンジ！

この章では、メンバー構成や会場の配置、発言する順番や制限時間など、ひとつのケースを参考にディベートの進行を学びます。より効果的な発言の技術、注意点やマナーなどをふくめ、本番に向けた実践的な学習を行います。

こうやって調べよう

● もくじを使おう
知りたいことや興味があることを、もくじから探してみましょう。

● さくいんを使おう
さくいんを見れば、知りたいことや調べたいことが何ページにのっているかがわかります。

第1章

ディベートについて知ろう！

話し合いにはいろいろある

話し合いは、それぞれちがうさまざまな意見や考えのなかから、みんなにとってよりよい結論をみちびきだすために、なくてはならないものです。

📘 話し合いのかたち

　あなたは、学級会で話し合いをしたり、班やグループにわかれて話し合いをしたりしたことがありますね。話し合いは、問題を解決するためだけでなく、自分の考えを聞く人に正確に伝え、友だちのさまざまな考えや意見を理解するためにも必要です。学級会や委員会、裁判や国会など、世のなかにはさまざまな話し合いがあります。そして目的やテーマによって、よりよい話し合いのかたちがあります。

👤 会議

あるテーマについて結論や解決方法を出すために、参加する人全員が意見を出して話し合いを進める。クラスで行う学級会も、このかたちが多い。

8

パネルディスカッション

テーマについて、聞き手の前で、それ
ぞれ考えのちがう代表者（パネリスト）
が意見を主張し合う。その後、パネリ
ストに対して聞き手が質問したり意見
を言ったりする。

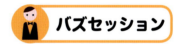 バズセッション

参加者が4〜8人ほどの小グループに
わかれて、テーマについて自由に話し
合う。そこで出た結論をグループの代
表者が参加者全員の前で発表し、全体
の話し合いをさらに進める。

シンポジウム

テーマについて、考えのちがう何人
かが聞き手の前に出て意見を発表
し、聞き手はその後で質問したり
意見を言ったりする。パネルディス
カッションのように、前に出た人ど
うしで討論することはない。

ディベートって何だろう？

ディベートは、話し合いのかたちのひとつです。ほかの話し合いと大きくちがうのは、最終的にどちらかの主張が「勝ち」と判定されるところです。

📖 ディベートの特徴

あるテーマについて、賛成グループと反対グループにわかれて、それぞれ理由や資料をしめしながら、自分たちの意見を主張したり、相手の意見に対して質問したり反論したりします。最後に、どちらの主張に説得力があったかを第三者が判定します。

給食の〈パンの日〉をやめて、すべて〈ごはんの日〉にするべきだ

……という理由で賛成です

この資料では……というデータが出ています

賛成グループ

反対グループ

説得力があるのはどちらかな？

第三者

1 誤解されやすい「ディベート」

ディベートは、「言い合い」や「けんか」のように誤解されることがあります。しかし、相手を非難したり、不満をぶつけたり、言い負かしたりすることが目的ではありません。へりくつを言ったり、自分の主張をおしとおして議論に勝つことが目的でもありません。

中心にある問題を、より正しく、客観的に、より多くの人が納得できるように説明して、問題をよりよいかたちで解決できるように話し合いをすることが、ディベートの目的です。

✕ 相手を非難する

ごはんがいいなんて考える人はおかしいよ！

✕ 不満をぶつける

ごはんがきらいなんだ！

✕ 無理のある主張をする

ごはんにすればみんなの成績が上がります！

大切なのは、相手の意見や考えを正確に理解すること。そのうえで反論したり、質問したりする。自分たちの意見や相手への反論を主張するときには、理由や資料をしめして、相手や、聞いている人たちが理解しやすいよう、筋道を立てて伝える。

ディベートで身につくことは？

ディベートを学ぶことで、話し合いの力だけでなく、勉強や遊び、友だちとの関係など、日常生活に役立つさまざまな力を身につけることができます。

ディベートで能力アップ

ディベートで身につくさまざまな力を、学校生活や日常生活で役立てましょう。

べつの立場からものごとを見る

自分はそのテーマに反対でも、賛成のグループに入ることがある。そんなときには、自分の考えとちがう立場で考えなければならない。この経験をすることで、さまざまな角度からものごとを見たり考えたりする力がつく。

でも、わたしが男子だったら……

最初に、○○を背に100mほど直進します。次に、コンビニエンスストアの角を左に曲がり……

論理立った考え方ができるようになる

多くの人に納得してもらうには、理由の説明とともに話す内容を整理して、順序を組み立てる必要がある。ディベートでどのように話すかを考えて準備することで、筋道のとおった論理的な考え方ができるようになる。

情報集めの力や処理能力が身につく

どんな資料を用いて説明すれば、多くの人を納得させられるかについて考えるため、自然と情報を集める力やそれらを処理する能力が身につく。

それからね

だからね

聞く力が身につく

相手に反論したり質問したりするためにも、まずは相手の話を正確に理解する必要がある。そのために聞く力が身につく。相手の話を聞くことは、コミュニケーションの基本となる大切な力なので、人間関係にも役立つ。

人前で堂々と主張できるようになる

論理立った考え方ができるようになると、言いたいことをよりはっきりと、わかりやすく伝えることができるようになる。自分の意見に自信がもてるようになり、堂々と主張できるようになる。

主張

13

ディベートの種類①

ディベートにはいくつか種類があります。社会で実際に行われている法廷ディベートや政治ディベートなどの実践的ディベートから見ていきましょう。

📖 法廷ディベート

　裁判は、法廷で検察側と弁護側が行う「法廷ディベート」といえます。

　この場合のテーマは、「○○という容疑で起訴された▲▲被告人は有罪である」として、被告人が行ったことが「有罪」だと考える検察側（賛成グループ）と、それに対して、「被告人は無罪」だと主張する弁護側（反対グループ）のディベートとなります。それぞれの立場から証拠をしめして自分たちの考えを主張したり、相手の主張にある矛盾やおかしな点を指摘したりしながら進めます。

　それぞれの主張は、有罪か無罪かを判断する裁判官や裁判員に対して行います。最終的に、より的確で筋道のとおった主張で裁判官や裁判員を納得させたほうの勝利となります。

▲ 判決（裁判の結果）が裁判官から伝えられる前の法廷の様子。裁判官から見て左に弁護側、右に検察側がすわっている。この日まで、弁護側と検察側によるディベートが行われてきた。

政治ディベート

政治家が国会で行う議論は「政治ディベート」といえます。代表的なものに、テレビや新聞などの報道機関が「政策論争」と呼んでいるものがあります。たとえば、「増税政策を実施すべきかどうか」というテーマをあつかう場合は、実施を主張する政治家（賛成グループ）と、実施に反対し、現状維持を主張する政治家（反対グループ）によるディベートが行われます。

また、アメリカ大統領選挙の前に行われる、候補者どうしのディベートも有名な政治ディベートのひとつです。候補者は自分と相手、どちらが大統領としてふさわしいか、あるいは、相手がいかにふさわしくないかを、国民が納得できるようにあらゆる意見や理由を集めて、主張します。

▲ 2016年に行われたアメリカ大統領選挙候補者のディベートの様子。共和党のドナルド・トランプと民主党のヒラリー・クリントンがはげしく討論を交わした。

ディベートの種類②

社会生活に実際に影響をおよぼす実践的ディベートのほかに、教育を目的としたディベートがあります。なかには競技に発展したディベートもあります。

📘 教室ディベート

学校の授業のなかで行われるディベートが「教室ディベート」です。児童・生徒一人ひとりがディベートの能力を身につけることを目的に行われます。ディベートとはどういうものかについて授業で教え、ゲーム形式で実際にディベートを行います。

▲ 小学校の授業で行っている「教室ディベート」の様子。

競技ディベート

　ディベートの能力を育てることを目的に、競技として行われるのが「競技ディベート」です。学校行事として校内で開かれるディベート大会も、学生や社会人が参加するさまざまな全国大会も競技ディベートです。「ディベート甲子園」という大会は、全国の中学生と高校生を対象にしたディベートの大会です。各地域の予選を勝ちぬいた学校のチームが全国大会に出場して、ディベート日本一を目指して競技します（→52ページ）。

▶ ディベート甲子園の立論（→28ページ）の様子。中学生や高校生を対象にした日本語で行われる競技ディベートでは、もっとも大きな大会。

◀ 競技ディベートを終えた両チームは、競技後にはおたがいをたたえ合い、あくしゅを交わす。

✋ ディベートをやってみよう

　ディベートとはどういうものか、だいたいわかったら、実際にやってみましょう。
　第2章でディベートの準備、第3章ではくわしいやり方を解説しています。

ディベートで育てた力をここで発揮！

クラブ活動のリーダーに！

　ディベートで身につけた力は、さまざまなところでいかされます。たとえば、クラブ活動です。野球部やサッカー部などの体育会系のクラブ活動でも、演劇部や吹奏楽部などの文科系のクラブ活動でも、部員たちの意見がぶつかり合うことがあります。一人ひとりちがう考えや意見をもっているのだから、当然です。

　しかし、ディベートを経験することで、自分とは考えのちがう部員の意見を冷静に、また、客観的に聞くことができるようになります。そしてクラブにとって、より良い解決策は何かについて考える習慣がつきます。

　このような習慣を身につけ、クラブのリーダーとして活躍している人もいます。この習慣は、感情的な言い合いをする部員をなだめ、さまざまな意見を調整し、冷静な視点で解決策をしめさなければいけないリーダーに必要な能力だといえます。

だい第**2**章しょう

ディベートの準備をしよう！

論題を決めよう！

「論題」とは、議論するためのテーマのことです。どのような論題を選ぶかによって、ディベートがうまくいくかどうかが決まります。

📘 論題の種類

ディベートではさまざまな論題をあつかうことができますが、性質・性格によって、おもに次の3つにわけることができます。

❶ 政策論題

あるものごとを「すべきかどうか」について話し合うもの。
「すべき」と主張する賛成グループと「すべきでない」と主張する反対グループのディベートになる。

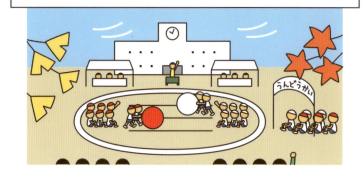

小学校の運動会は秋に実施すべきだ

❷ 事実論題

あるものごとが「本当かどうか」について話し合うもの。
「本当」と主張するグループと「本当ではない」と主張するグループのディベートになる。

20年後には小学生の数は今の10パーセントになる

❸ 価値論題

AとBの2つのものごと（立場）のうち「どちらがよいか」について話し合うもの。
「Aがよい」と主張するグループと「Bがよい」と主張するグループのディベートになる。

英語と中国語、習得するならどっちが役立つ？

Hello, I am ‥‥

論題選びの注意点

　論題を決めるときには、話し合う（ディベートをする）意味があるもの、明確な結論が出るものを選びます。次の点に注意して決めましょう。

参加者に身近なもので、興味を感じられること

一部の人しか興味をもたない論題だと、全員で議論する意味が小さくなってしまう。

わたしの家のペットは、イヌとネコのどちらがよいか？

賛成と反対に、立場をはっきりわけられること

明らかに賛成あるいは反対する人のほうが多い論題だと、議論を戦わせにくくなる。

休み時間を減らして、1コマ60分授業にします

反対～～～!!

どちらの立場も理由があげられること

資料やデータを使って理由や根拠をしめしにくいものだと、説得力のある議論ができない。

イヌと暮らせば環境問題が解決します

データがないよ

論題を分析しよう！

論題は、だれが見ても同じ意味に受け止め、最終的に何を結論づければいいかが明確になるようにします。ことばが意味するものをきちんと定めましょう。

📖 ことばを定義する

参加する人がみな正確に受け止められるように、論題で使うことばの意味をより明らかに、わかりやすく定義します。人によってちがう意味にとらえてしまうことばがあると、ディベートの途中で話がかみ合わなくなります。たとえば「給食の〈パンの日〉をやめて、すべて〈ごはんの日〉にするべきだ」の場合、

「ここで言う『給食』は、A小学校で提供される給食を指します」

と定義します。ほかの小学校ではなく、自分たちが通う小学校の話だと明確にします。

A小学校で提供される給食です

「『ごはん』は、チャーハンやオムライスなどの、米を使ったメニューもふくみます」

「ごはん」という場合、ここでは白飯以外のメニューもふくめることを定義します。

　このように先に定義しておくと、賛成・反対それぞれが主張を明確にできます。論題を分析して、誤解されそうな表現や、どのような意味にも受け止められそうなことばがないように、定義しておきましょう。

📗 具体的なプランをしめす

　論題をどのように実行するか、どんな方法で実行するかといったプランを先にしめしておきましょう。

> 「『すべて〈ごはんの日〉』は来年度から実施します」

　「いつから」「いつまでに」「○日間」「来年度」というように、時期や期間を明確にするのも大切です。「今すぐに」というのと、「来年度から」とでは、考え方が大きく変わります。

✋ 気をつけよう！ 誤解されやすい表現

わたしたち、あなたたち、みんな

　ディベートのグループをしめすのか、クラス全員なのか、あるいは男子と女子のちがいなのかがあいまいになります。だれを指しているのか明確になるように、具体的に名前やグループ名で呼ぶのがよいです。

あれ、それ、こっち、そっち、右、左

　「あれ」「これ」などの指示代名詞は、何をしめすのかがあいまいになり、誤解をまねきやすいことばです。きちんと名詞でしめしましょう。右／左、遠い／近いなども立場が変われば逆になるので注意が必要です。

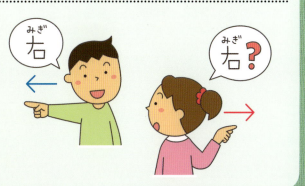

メリットとデメリットを整理しよう！

論題を実行したときに生じる、メリット（よいこと）と、デメリット（悪いこと）は、ディベートの判定を大きく左右する重要な項目です。

📗 シートに書きだす

論題に対するメリット（よいこと）とデメリット（悪いこと）を思いつくかぎり書きだしましょう。論題が「給食の〈パンの日〉をやめて、すべて〈ごはんの日〉にするべきだ」であれば、これを実行することによって生じるメリットとデメリットを、それぞれ考え、書きだしていきます。

賛成グループ／メリット

体によい
　栄養バランスがよい
　アレルギー疾患や肥満の予防
　量の調整ができる＝自分に合った量／ムダがなくなる
和食の伝統に親しめる
　おかずとの相性がよい
　地産地消につながる（郷土の伝統食にふれる）

ごはんは・・・

給食費って・・・

反対グループ／デメリット

給食費が上がる
　行政の費用負担が増える
メニューの変化がとぼしくなる
　ごはん単体で食べられない（おかずが必要）
　家でもごはんが多いのであきやすい
　牛乳に合わない
グローバルじゃなくなる

リンクマップをつくる

　メリットとデメリットの関係を整理するために、「リンクマップ」と呼ばれる図を作成すると、よりわかりやすくなります。

　大きめの紙や黒板などの真ん中に論題を書きます。上半分にメリットを、下半分にデメリットを書き、それらがみちびきだされる理由を書きこみます。それぞれの関係を矢印で結び、関係性に無理がなく適切だと判断した場合、そのメリット、デメリットを「ラベル」として書きます。

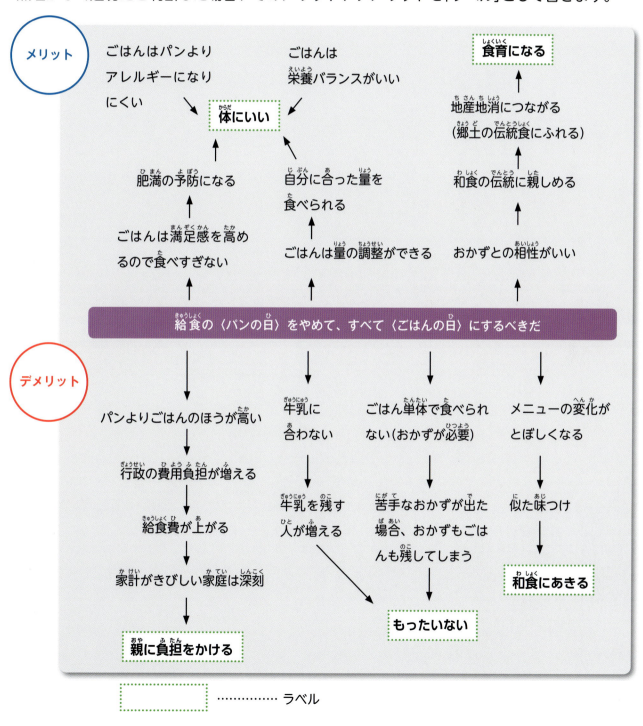

メリット

デメリット

ごはんはパンより
アレルギーになり
にくい

ごはんは
栄養バランスがいい

食育になる

体にいい

地産地消につながる
（郷土の伝統食にふれる）

肥満の予防になる

自分に合った量を
食べられる

和食の伝統に親しめる

ごはんは満足感を高め
るので食べすぎない

ごはんは量の調整ができる

おかずとの相性がいい

給食の〈パンの日〉をやめて、すべて〈ごはんの日〉にするべきだ

パンよりごはんのほうが高い

牛乳に
合わない

ごはん単体で食べられ
ない（おかずが必要）

メニューの変化が
とぼしくなる

行政の費用負担が増える

牛乳を残す
人が増える

苦手なおかずが出た
場合、おかずもごは
んも残してしまう

似た味つけ

給食費が上がる

家計がきびしい家庭は深刻

もったいない

和食にあきる

親に負担をかける

……………… ラベル

25

資料を集めよう！

賛成でも反対でも、意見を主張するときには、それが正しいことを裏づける必要があります。裏づけに有効なのが「証拠資料」の使用です。

📘 証拠資料

証拠資料は、事前に自分たちで用意しておきます。おもに次のようなものがあります。

❶ 事例……過去に起こったことや現在起こっていることの記録（新聞、新聞縮刷版、判例集など）。

❷ 統計……数字やデータをしめして処理・分析された資料（国勢調査、家計調査、消費者物価指数など）。

❸ 意見……専門家や有識者といわれる人や、関係者の意見。

❹ 研究……専門家が行った実験や、大人数の意見を集めて分析したもの（実験、アンケート調査）。

 事例

事例は新聞や雑誌、インターネットなどで探せる。論題に似た内容のできごとや、参考になりそうなものがあれば、資料として使う。図書館に行けば、専門的な書籍や雑誌、過去の新聞記事をまとめた「縮刷版」などがあるので、「給食」「米飯」といったキーワードで検索して探せる。インターネットの情報は正しくないものもあるので、いくつか見比べて判断したほうがよい。

統計

国内だけでも、さまざまな統計資料がある。学校や家庭、社会全体、あるいは自然や生き物などの統計を関係する省庁などの機関が毎年とっている。どの統計からほしいデータが手に入るかを調べたり、実際に探したりするのはたいへんだが、手に入れば説得力のある有力な資料となる。図書館にある政府刊行物や、省庁などのホームページから探してみよう。

意見

主張を裏づける考えが書かれた本や記事を探す。ただし、その意見がきちんと整理され、説得力のあるものでなくては意味がない。また、給食をつくっている人や保護者、米屋さん、パン屋さんなど、論題にかかわりのありそうな人たちに直接インタビューしてもよい。

研究

専門家が行った実験やマーケットリサーチ、アンケートなど、大人数の意見を集めて分析や集計をしたものを用意しよう。的確なものが見つからない場合は、自分たちで実験したり、アンケート調査などを行ったりしてもよい。

資料の整理

　証拠資料を集めたら、ポイントとなる内容をカードにまとめましょう。資料を整理しておくと、準備するときに使いやすくなります。

　実際には、次のようにまとめていきます。①ポイント（見出し）、②資料名、③資料の発行年月日、④資料の著者・筆者、⑤資料の内容（要約）の順で書いていくといいでしょう。

証拠資料カード

賛成グループ　（メリット　デメリット）

「栄養バランスがよく体にいい」というメリットの裏づけ資料

資料名：『学校給食実務レポート　改訂版』（○△社・発行）
発行日：2005年6月
著　者：全国学校給食開発研究会
内　容：パン食が長く続いたことで学校給食は洋風のメニューが多くなった。魚料理より肉料理が増え、フライなど、高カロリーの料理が多くなり、肥満につながる傾向がある。

意見カード

反対グループ　（メリット　デメリット）

「牛乳に合わない」というデメリットの裏づけ資料

発言者：給食室長の小林さん
取材日：2017年10月
内　容：ごはんとパンが半々の現在、ごはん食の日のほうが牛乳の飲み残しが多い傾向にある。

例：9/12（米食）＝4.2ℓ ／ 9/13（パン食）＝2.1ℓ
　　9/20（米食）＝5.4ℓ ／ 9/21（パン食）＝1.8ℓ

立論をつくろう！

「立論」とは、賛成グループ・反対グループそれぞれの主張を組み立てた意見のことです。ディベート競技ではいちばんの武器になるため、しっかりとつくることが大切です。

📖 立論をつくるときの注意点

立論を組み立てるときは、それを話すときのことをイメージして、聞く人にわかりやすく伝わるように気をつけましょう。メリット、デメリットの理由、重要性や深刻性、そう結論づけた筋道などを整理し、順序立てて組み立てます。

次の3つがポイントです。

❶ 論題をしめす……どのような論題について主張するか、最初に簡潔に表現する。

❷ 主張と根拠の区別……（賛成グループ）メリットと根拠をしめす。
　　　　　　　　　　　　（反対グループ）デメリットと根拠をしめす。

これにより、主張に根拠があるかどうか、チェックすることもできる。
主張の際に提示する理由、証拠資料も用意しよう。

❸ メリット、デメリットのもたらす状況の大切さや重要性、深刻性をしめす。

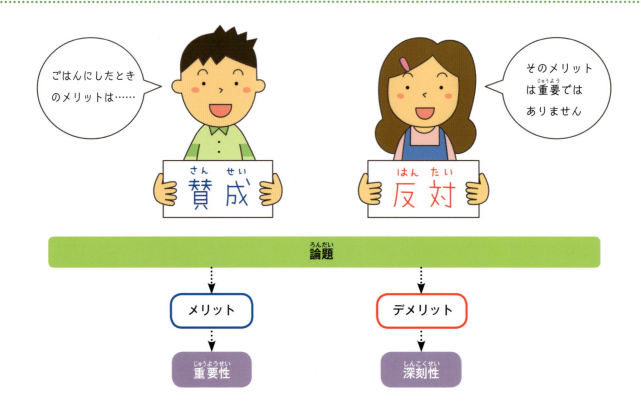

立論マップ

　25ページでつくったリンクマップを使って、立論のための下書き（立論マップ）をつくっていきます。

　メリット／デメリットそれぞれのラベル（❷）ひとつずつに対して、その理由の筋道（❸）をしめします。そしてそのラベルがなぜ重要なのか、あるいはどのように深刻なのか（❹）を書きましょう。

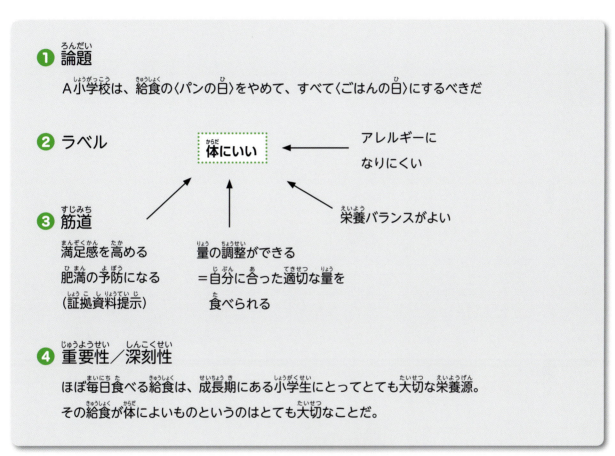

❶ 論題
　　A小学校は、給食の〈パンの日〉をやめて、すべて〈ごはんの日〉にするべきだ

❷ ラベル
　　　　　　　　　体にいい　←　アレルギーに
　　　　　　　　　　　　　　　なりにくい

❸ 筋道
　　満足感を高める　　量の調整ができる
　　肥満の予防になる　＝自分に合った適切な量を
　　（証拠資料提示）　　　食べられる
　　　　　　　　　　　　　　　　栄養バランスがよい

❹ 重要性／深刻性
　　ほぼ毎日食べる給食は、成長期にある小学生にとってとても大切な栄養源。
　　その給食が体によいものというのはとても大切なことだ。

立論原稿を書こう！

立論原稿は、ディベートの際に実際に読むための原稿です。周囲を納得させる主張をするために、必要な要素をわかりやすく筋道を立ててまとめましょう。

賛成グループの立論原稿

❶ 論題

「給食の〈パンの日〉をやめて、すべて〈ごはんの日〉にするべきだ」で、賛成グループの立論を行います。

❷ 最初に定義を2つ述べます。

ひとつめは、「給食」とはA小学校の給食を指します。

2つめは、「ごはん」は白飯だけでなく、チャーハンや赤飯、炊き込みごはんなど、もち米を使ったり、味つけをしたりしたメニューもふくみます。

プランとしては、実施は来年度からと考えます。

❸ では次に、実行したときのメリットを述べます。

ひとつめのメリットは、パン食よりごはん食のほうが「体にいい」ということです。

❹ ごはん食は、栄養バランスがよいだけでなく、アレルギー疾患や肥満の予防になります。資料として、全国学校給食開発研究会が2005年に発行した『学校給食実務レポート 改訂版』がその事実を裏づけています。

まず、パン食が長く続いたことで学校給食は洋風のメニュー中心となり、魚料理より肉料理、フライなど、高カロリーの料理が多くなって、肥満につながる傾向があることがわかります。さらに、ごはんを食べる回数が多いほど、脂質の摂取量が減って肥満予防になることがわかります。

また、ごはんのほうがパンに比べて適切な量をとりやすいといえます。

❺ 成長期にある小学生には、食生活が健康や発育にあたえる影響が大きく、こうした点から見て、論題の実施による「体にいい」というメリットは、たいへん大きいと考えます。

2つめのメリットは、「食育になる」ことです。

〜〜略〜〜

❶ まず、論題と、自分たちが「賛成グループ」であることをしめす。

❷ 賛成グループ／反対グループに共通する、定義をしめす。

❸ 論題を実行したときのメリット（ラベル）を伝える。

❹ メリットを裏づける筋道と、根拠を説明する。資料があれば、それもしめす。

❺ メリットの重要性を伝える。

反対グループの立論原稿

❶ 論題

「給食の〈パンの日〉をやめて、すべて〈ごはんの日〉にするべきだ」で、
反対グループの立論を行います。

❷ 定義は賛成グループと同じです。

❸ まず、論題を実行したときのデメリットを述べます。
ひとつめは、「家族の負担が増える」ということです。

❹ すべてをごはん食にすることで、給食費が上がることになり、親の負担が増します。とくに家計がきびしい家庭には大きな負担となるでしょう。
裏づける資料として、全国学校給食会連合会HP「学校給食の歴史」をプリントしたものがあります。これによると、すでに、国による学校給食用の米の値引き措置が平成12年3月で廃止されています。自治体によっては給食費を上げたり、行政の費用負担を増やしたりして対処していますが、すべてをごはん食にしたら、給食費がより高くなって、各家庭の家計に影響をおよぼします。

❺ 給食費の値上げは深刻な問題です。仮に値上げ分を自治体が負担するとしても、それは税金でまかなわれるので問題は同じく深刻です。

2つめのデメリットは、給食のメニューの変化がとぼしくなることです。
〜〜略〜〜

❶ まず、論題と、自分たちが「反対グループ」であることをしめす。

❷ 賛成グループ／反対グループに共通する、定義をしめす。

❸ 論題を実行したときのデメリット（ラベル）を伝える。

❹ デメリットを裏づける筋道と、根拠を説明する。資料があれば、それもしめす。

❺ デメリットの深刻性を伝える。

反ばくを準備しよう！

「反ばく」とは、相手の立論の弱い部分や矛盾点に対して論理的に反論することです。効果的に行えば、自分たちの立論の正しさを主張できます。

📘 相手の立論を予測

相手の立論のまちがった点や必然性がない点、矛盾点などを指摘し、その主張をくつがえすことができる理由や根拠をしめして反論します。質疑や反ばくをするときのことを想定して、あらかじめしっかりと準備しておきましょう。反ばくを複数予想できるチームは、ディベートに強いチームだといえます。

自分たちの立論

予想される相手の立論

メリット①

パン食よりごはん食のほうが「体にいい」

パン食が長く続いたことで学校給食は洋風のメニュー中心となり、高カロリーの料理が多くなって、肥満につながる傾向がある。

★ごはんを食べる回数が多いほど、脂質の摂取量が減って肥満予防になる。

★ごはん食のほうが、パン食に比べて必要な栄養素をバランスよくとれる。

★パンよりごはんのほうが適切な量をとれる。

メリット②

食育になる

ごはんと相性のいいおかずのメニューが増える。

★おかずに地元の食材を使う機会が増え地産地消になる。

★郷土の伝統食にふれられる。

★だしや薬味など、和食の伝統に親しめる。

ごはんとパンだけで比べるのではなく、おかずも合わせて考えると、量がある程度自由になるから、ごはんのほうが栄養がかたよるっていう意見が出そう。

あとは……
和食ばかりだといずれあきるって言われるわね、きっと。

反ばく原稿をつくろう

メリットとデメリットをリンクマップに書きだしていく作業をする時点で、相手側の立論が予想できます。その予想に対して反ばくを準備します。どのように反論するか、事前に「反ばく原稿」をまとめておきましょう。「反ばくの四拍子」と呼ばれる引用、主張（否定）、根拠、結論の流れで考えていくと原稿をつくりやすくなり、相手も、審判も、何についてどのように反論しているのかが明確になります。

反ばく原稿

反対グループは

❶「和食ばかりではいずれあきる」と言いました。

❷ しかし、それは重要ではありません。

❸ なぜなら、すべてのメニューが和食になるわけでなく、今より少し増えるだけだと考えるからです。カレーやピラフなども考えると、決して和食だけとはいえません。
そして、わたしたちが食べる食事は、給食だけではないからです。家庭での食事や、外食などを考えると、さまざまな料理を食べる機会があります。
また、世界に視野を広げた食事は、これからおとなになるなかで食べる機会がいくらでもあります。まずは、自分たちが住んでいる町の産業、人びとの暮らしに目を向け、感謝して食べ物を食べる心を育むことが大切だと思います。

❹ だから、反対グループの言う「和食ばかりではいずれあきる」というデメリットは生じないと思います。

● 反ばくの四拍子

①引用
相手のことばをくり返す。
「反対グループは立論の●●で、○○と言いました。」
↓
②主張（否定）
引用した内容を否定する。
「しかし○○は、重要ではありません（関係ありません）。」
↓
③根拠
否定する根拠をしめす。
「なぜなら、〜だからです。」
↓
④結論
②で否定した内容をくり返し、結論とする。
「ですから、重要ではありません。」

ディベートで育てた力をここで発揮！

小論文を書く力がつく！

　ディベートで身につけた力は、大学受験や就職活動にも役立ちます。入試科目や入社試験で小論文を書くことがありますが、この小論文を書くうえでもディベートの経験をいかすことができます。

　あるテーマに対する自分の考えをまとめあげる作業は、次のような流れをもっています。①まず書くべきことがらを書きだし、②それらのなかからどうしても書きたいことを選び、③それらを書いていく順番を決め、④指定された文字数にしたがって、何をどれくらい書くか決めます。④にある「文字数」を「制限時間」に変えれば、①から④はまったくディベートで立論原稿を書く作業にそっくりです。

　また、ディベートの立論原稿を書くときも、小論文を書くときも、筋道のとおった論理的な考え方が必要とされます。このような力は、小論文でよい成績をあげるためにとても役立つのです。

何を書くか……

何から書くか……

どれくらい書くか……

ディベートに チャレンジ！

ディベートに必要な役割は?

論題に対する「賛成」「反対」2つのグループに同じ人数ずつわかれ、そのなかで、役割を決めます。グループに入っていない人たちにも大切な役割があります。

📘 どの立場の役割もできるように

グループわけと役割は、推薦や立候補もいいですが、どんな主張にも公正に向き合う練習として、じゃんけんやくじ引きで決めるのもよいでしょう。実際の気持ちは「反対」なのに、「賛成」の立場で主張をすることも学習のひとつです。

👤 ディベーター（1〜5人／グループ）

ディベートに参加し、賛成・反対にわかれて討論する人を指す。

役割 賛成グループのディベーターは論題に賛成する意見を言い、反対グループのディベーターは、論題に反対する意見を言う。

わたしたちは
賛成です。
なぜなら……

ぼくたちは
反対します。
それは……

● ディベーターになった人は賛成グループも反対グループも、次にあげる4つを果たさなければならない。

❶ 自分の立場を最後まで変えないこと

❷ 客観的な（より多くの人が説得力を感じる）証拠資料をもとに話すこと

❸ 相手の議論に反論すること　❹ 相手の反論に返答すること

36

審判（3、5人）

最後に判定を下す人を指す。

役割 賛成の意見と反対の意見をしっかり聞き、どちらに説得力があったかを基準にして判定する。自分の考えと同じだからとか、こちらの意見のほうが好きだから、などという理由で判定することはできない。

判定は、審判グループのなかで話し合うか、多数決をとって決める。多数決のときに決めやすいよう、3人、5人など奇数の人数がよい。

司会 ディベート全体の進行役。

役割 両ディベーターの立場や論題について、よく理解しておく必要がある。時間どおりに進められるように気を配り、時間をこえて話すディベーターには声をかける。事前に時間配分の計画を立てて、進行表をつくっておくとよい。

タイムキーパー 時間を計る係。

役割 ストップウォッチを使い、賛成グループディベーター、反対グループディベーターの発言時間を計る。残り時間をしめすカードを使う場合は、それをめくっていく。

※ 教室でディベートを行う場合は、司会、タイムキーパー、ディベーター以外のみんなが全員審判になることも、審判役と参観者（ディベートを聞いている人たち）にわかれることもある。

ディベート会場準備

いよいよ舞台となる会場の準備です。教室など広めの部屋に、いすと机を並べます。ここでは競技ディベートの会場と同じ形式にします。

会場のつくり方

黒板中央のやや上に、見やすい字で論題を書きます。黒板を正面にして、向かって左側が賛成グループ、右側を反対グループの席にします。下の絵を参考に配置しましょう。

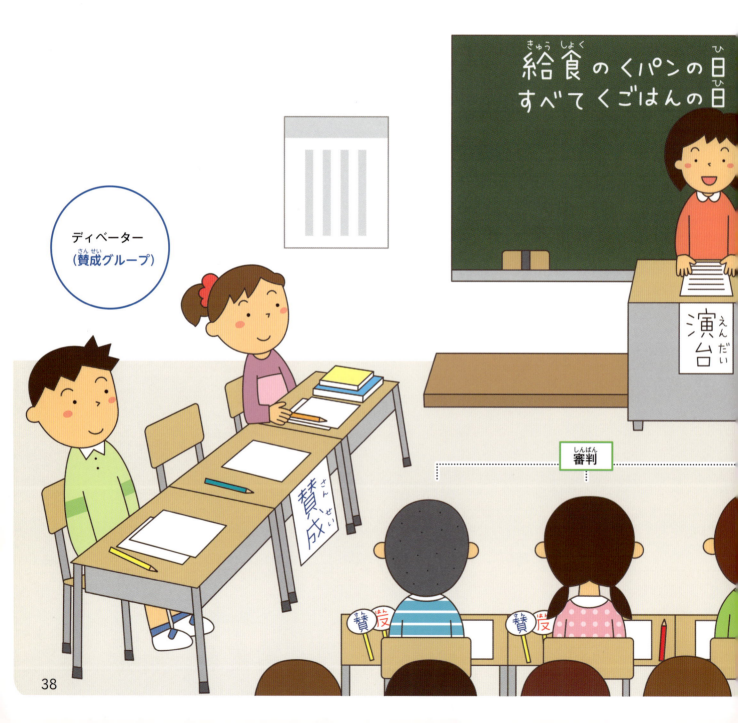

給食のくパンの日
すべて くごはんの日

ディベーター
（賛成グループ）

演台

審判

賛成

📖 席に持っていくもの

　リンクマップ、立論マップ、立論原稿、反ばく原稿、証拠資料カード、フローシート(→42ページ)など、事前に準備した資料と筆記用具を持っていきましょう。

　審判、タイムキーパーは、フローシート、判定シート、ストップウォッチ、残り時間カード(残り時間が書かれたカード)などの準備が必要です。

　ディベーターは、立論担当者、質疑担当者、反ばく担当者ごとに、それぞれ自己紹介します。担当は前もって決めておきましょう。

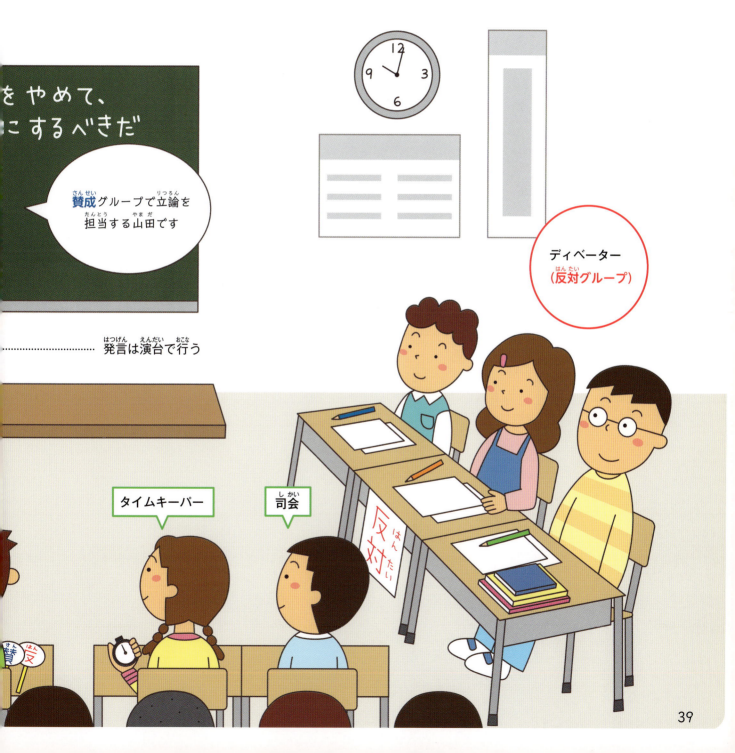

をやめて、
にするべきだ

賛成グループで立論を担当する山田です

ディベーター
(反対グループ)

発言は演台で行う

タイムキーパー

司会

反対

ディベートの流れは？

ディベートは、あらかじめ発言の順番や制限時間が決められています。事前に確認し、その流れにそって立論や資料の準備をしておきましょう。

📖 ディベートの進め方

ディベートは、次の❶から❻までのような流れで進めていきます。

❶ 開会のあいさつ

司会の人が開会のあいさつをする。自己紹介の後、ディベートの論題、賛成グループ・反対グループのメンバー、タイムキーパーについて簡単に紹介する。

> 司会を担当する鈴木です。今日のディベートの論題は、「給食の〈パンの日〉をやめて、すべて〈ごはんの日〉にするべきだ」です

❷ 立論・質疑（目安：各2分）

賛成グループの立論／反対グループからの質疑、反対グループの立論／賛成グループからの質疑の順番でやりとりをする。

（→42 ～ 43ページ）

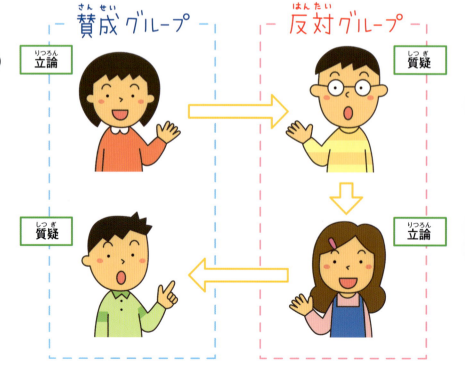

賛成グループ　　　　　反対グループ

立論　質疑
質疑　立論

❸ **作戦タイム（目安：1分）**

おたがいの主張を聞いて、次にどんな質問をするのがもっともいいか、グループ内で相談する。作戦タイムをいつ何回入れるかは事前に決めておく。

（→44ページ）

❹ **反ばく（目安：各2分）**

用意した原稿をもとにそれぞれ相手グループに反ばくする。

（→45ページ）

賛成グループは、「ごはん食が体にいい」と主張しましたが、そうとは言い切れません。というのは……

❺ **最終意見（目安：各2分）**

賛成グループ／反対グループそれぞれ結論をまとめた最終意見を述べる。

（→46ページ）

……ということで、すべてごはんの日にすべきです

❻ **審判による判定**

賛成グループ、反対グループのどちらの説得力が大きかったかについて、審判が判定をする。

（→47ページ）

……という理由で、**賛成**です

立論と質疑

「立論」と「質疑」は、ディベートの要です。事前に準備した原稿や資料を活用し、相手の意見を確認しながら、優位に進めることを意識しましょう。

📘 フローシート

ディベーターでも審判や参観者でも、議論の要点を整理しながら聞くために、フローシートを使用するのがよいでしょう。議論のフロー（流れ）を書きとるシート（用紙）が、フローシートです。

審判は、両方の主張を整理するため、ディベーターは、相手の立論に対して効果的な質疑や反ばくを行うために、フローシートを活用します。

質疑のときには、このフローシートに書いたメモをもとに相手の立論でわかりにくいところを確認したり、相手の弱点を審判にアピールしたりします。

フローシートの例

賛成 G 立論	反対 G 質疑	反対 G 立論	賛成 G 質疑	反対 G 反ばく	賛成 G 反ばく
M ① ⑤ 体にいい 洋風のメニュー =カロリー↑ 和食のメニュー =脂質の摂取量↓ →肥満予防。 必要な栄養素を バランスよく、 適切な量を とれる。 成長期には重要 M ② ⑤ 食育になる 和食中心 ↓ 地産地消 郷土の伝統食	ひとつめのメリット 下がる 反：バランスよく適切な栄養がとれる？ 賛：○ はい 反：和食のおかずが増えるから食育になるのですね。 賛：○				
	ひとつめのデメリット 上がる アンダーライン	D ① ⑤家族の負担↑ 給食費↑ H12 年、学校給食用の米の値引き措置が廃止。			

右側の凡例：

❶ 上の段にメリット、下の段にデメリットを記入する

❷ よく出ることばは略語を使う

グループ=G

メリット=M

デメリット=D

ラベル= ⑤

増える・上がる=↑

減る・下がる=↓

はい=○

いいえ=×

❸ 重要な部分にはアンダーラインを引く

❹ 賛成グループの意見と反対グループの意見を色ペンで色わけするとよい

注釈ラベル： ひとつめのメリット　ラベル　下がる　はい

📖 賛成グループ立論

　賛成グループは立論原稿にそって、自分たちの意見や主張を組み立てた立論を発表します。
　反対グループはその立論を聞きながらポイントをフローシートに書きこみます。聞きとれなかった部分や疑問点なども書きこみ、質疑や反ばくの材料にします。

反対グループの反ばくの途中まで

賛成 G 立論	反対 G 質疑	反対 G 立論	賛成 G 質疑	反対 G 反ばく	賛成 G 反ばく
M ① ㋡ 体にいい 洋風のメニュー ＝カロリー↑ 和食のメニュー ＝脂質の摂取量↓ →肥満予防。 必要な栄養素を バランスよく、 適切な量を とれる。 <u>成長期には重要</u> M ② ㋡ 食育になる 和食中心 ↓ 地産地消 郷土の伝統食	反：バランスよく適切な栄養がとれる？ 賛：○ 反：和食のおかずが増えるから食育になるのですね。 賛：○			ごはんはおかずとセット。 苦手なおかずの場合、 ごはんの摂取量↓ 栄養↓ 今はグローバルの時代。世界の食に目を向けることも食育。 和食ばかりではあきるのでは？	
		D ① ㋡家族の負担↑ <u>給食費↑</u> H12年、学校給食用の米の値引き措置が廃止。	賛：ごはん食にすると <u>給食費↑</u>は 確かか？ <u>反</u>：△ 試算はしていない ※資料提示		

📖 反対グループ質疑

　賛成グループの立論が終わると、反対グループの質疑になります。フローシートの書きこみを土台に、相手の立論に対する質問を行います。聞きとれなかった部分や理解できなかったことの確認と、後ほど反ばくをしやすくするための発言の再確認などを目的とします。

あなたはごはんが体によいと言いましたね？

はい

賛成

同様に、反対グループの立論・賛成グループの質疑を行います。

作戦タイムと反ばく

反ばくは、後半の勝負どころです。直前の作戦タイムにはフローシートを見直して、そこまでの議論を整理したり、作戦を相談したりしましょう。

作戦タイムの有効利用

　フローシートにメモした内容をもとに相手側の意見を確認し、どういう反ばくや質問をすると効果的か、グループのなかで相談して決めます。立論／質疑の際に作戦タイムで相談することを考えておくのもいいですね。

　入念な準備をして、フローシートに要点をしぼったメモを書いたチームほど、作戦タイムを有効に使うことができるでしょう。

さっき質問に「はい」と答えたよ

反ばく原稿にもあるけれど、質問に「ごはんは体にいい」と答えてくれたのはよかった

じゃあ、こっちより先に強く言おう

反ばくのポイント

　事前に予測したもののほかに、本番での議論や相手の発言から見つけられる反ばくのポイントがあります。反ばくを有利に行うためにも、相手の主張を聞くときは、以下の３つのポイントに注目しましょう。

根拠が不十分	重要・深刻でない	論理的でない
メリット、デメリットを生むことを裏づける根拠や証拠が足りない。 ↓ そのことを指摘する。 メリット、デメリットと言い切れない。	メリット、デメリットの重要性や深刻性が低い。 ↓ そのことを指摘する。 メリット、デメリットではない。	論題の実行と、メリット、デメリットとの関係が不自然でつながらない。 ↓ そのことを指摘する。 メリット、デメリットが生じない。

 **ターンアラウンド**　相手の意見を引用し、自分たちのメリット、デメリットとして利用することを「ターンアラウンド」という。反ばくの際に使うと効果的だ。

賛成グループは、「ごはん食が体にいい」と主張しましたが、そうとは言い切れません

ごはん食はおかずとセットなので苦手なおかずが出るとごはんの摂取量も減り、栄養が足りなくなりがちです。むしろデメリットだと思います

最終意見と判定

両グループの反ばくが終わったら、最後の主張となる「最終意見」、そして「判定」となります。最後まで悔いのないように、自信をもってやりとげましょう。

最終意見の方法

最終意見では、相手の直前の主張に対して再反論をしたり、自分のチームの最初の立論にもどって改めて強調したりします。大切なのは、なぜ自分たちの考えのほうが相手のものよりすぐれているか、最終的に説明しなおすことです。もちろん理由も必要です。

新しい議論の提示は無効

反ばくや最終意見のときに、それまでの議論にどちらのグループからも出ていない新しいメリットやデメリットを出して主張しても、相手グループは十分に反論する機会がないので無効となる。

おそすぎる反論も無効

最終意見にかぎらず、相手が直前の主張より前に主張していた内容に対する反論は「おそすぎる反論」として判定に考慮されない。相手の最初の立論に対して言いわすれていたことがあったとしても、直後でない場合は、無効になる。

46

📘 判定のポイント

　最終意見が終わると、論題に対して賛成グループと反対グループのどちらの説得力が大きかったかについて、審判が判定して勝敗を決めます。37ページで述べたように、審判は自分の考えや好みを理由に判定することはできません。ディベートに「引き分け」という判定はありません。メリットとデメリットの大きさが同じだと判断された場合は、「あえて現状を変える必要はない」ととらえられて、反対グループの勝利になります。

賛成グループの勝利	反対グループの勝利	反対グループの勝利
メリット ＞ デメリット	メリット ＝ デメリット	メリット ＜ デメリット

📘 判定の発表

　審判はひとりずつ自分の判定を発表し、審判グループのなかの多数決によって、最終的な判定(勝敗)を出します。その結果を代表が発表します。

　下のような、採点式の判定シートを使う方法もあります。それぞれ採点した判定シートを持ちより、審判グループで話し合って勝敗を決めてもよいでしょう。

賛成2、反対1で、賛成グループの勝利とします

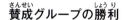
判定シートの例

賛成グループの立論1				
1　はっきり主張	◯	△	×	10
2　主張の理由	◯	△	✕	0
3　例や証拠	◯	△	×	5
4　矛盾や無理	◯	△	×	5
5　重要性や深刻性	◯	△	✕	0
6　ルールやマナー	◯	△	×	10
				30

❶ 自分たちの判断をはっきり主張しているか
❷ 主張の理由を説明しているか
❸ 具体的な例や証拠をあげて説明しているか
❹ 主張に矛盾や無理はないか
❺ 主張の重要性や深刻性は大きいか
❻ ルールやマナーを守っているか
　立論や反ばくなど、ひとつひとつの主張にできている＝◯(10点)、どちらともいえない＝△(5点)、できていない✕(0点)と決め、合計点を出します。

ディベートのマナー

ディベートは議論の力をきそう競技です。スポーツと同じように、マナーやルールにのっとって最後まで行うことが大切です。

必要なマナー

　ディベートは「言い合い」や「けんか」ではないと11ページで述べました。おたがいに有意義な議論をすることが目的ですから、ディベーターは、相手ディベーターや審判、参観者に対して敬意をしめしましょう。

　相手ディベーターに失礼なことを言ったり、個人攻撃などを行ったりすることは絶対にいけません。議論のなかで差別的なことばを使ったり、わざとうその資料を使ったりすることも厳禁です。たとえ相手の議論に納得できなくても、最後まで聞きましょう。

　審判の判定は絶対的なものです。もし判定に不服があっても、異議を唱えてはいけません。

❌ 不満をぶつけたり個人攻撃をしたりするのはマナー違反!

📖 健闘をたたえ合う

　ディベートが終わった後にも、大切なことが残っています。それは勝ち負けにこだわらず、おたがいの健闘をたたえ合うことです。

　参加者全員が賛成グループと反対グループの発言をふり返って、どのような発言に説得力があったか、話し合いましょう。両方の意見を取り入れる方法はないかについても考えることができれば、なお有意義です。その日行ったディベートについて感想を言い合うことで、その後にディベートを行うときは、さらに活発な議論ができるようになるでしょう。

発言するときの注意点

本番では、原稿を棒読みするだけでは効果がありません。相手が正確に理解したり納得したりするためには、発言の方法にくふうや注意が必要になります。

📖 発言の技術

ディベートで発言するときは、必ず制限時間があります。その時間内に正確に、しかもわかりやすく伝えるには、次のような技術を身につけると役立ちます。

大切なことは先に言う

もって回った言い方やふくみのある表現は、ディベートには適さない。大切なことは、わかりやすい表現で、必ず先に言う。

理由は3つあります……。
ひとつめは～、
2つめは～、
3つめは～です

ナンバリング

これから話すポイントがいくつあるのか、先に話に番号をつけてしめすことで、わかりやすくする。

ラベリング

これから話すことにラベルを貼るように、要約した内容を簡単に言い表す。例「まず、牛乳に合わないおかずが増えるということについてお話しします」。

話し方の注意

　審判や参観者に聞こえないほど小さな声で話したり、速く話しすぎたり、遠回しな表現が多かったりすると、判定にはマイナスにはたらきます。ディベーターは、速さに注意しながら、はっきりと大きな声で、わかりやすく話す必要があります。

　ニヤニヤしないこと、おこったような表情で話さないことも大切です。また、ふらふらしないように、姿勢にも注意しましょう。

　そしてこれはたいへん重要なことですが、ディベーターが説得する相手は、相手側のディベーターではなく、審判と参観者です。つねに審判と参観者を意識して発言しましょう。

えー…と、
ぼくたちは…
＄＆％'＃

顔が下を向いている
審判に向かって話そう。
原稿の内容は事前に頭に入れておき、本番では参考程度にする。

小さな声で何を言っているか周りの人に伝わらない
はっきりと大きな声で明確に発言しよう。

ふらふらとゆれたり、もじもじしたりしない
背筋を伸ばして姿勢よく、自信をもって発言しよう。

めざせ！ディベート甲子園

ここでは、競技ディベートのひとつであるディベート甲子園を紹介します。ディベート甲子園は、正式名称を「全国中学・高校ディベート選手権」といい、参加校は全国の中学校と高校を合わせて約150校（1年あたり）で、これまでに参加した学校はのべ1960校になります。1996年から、毎年8月に開催されています（読売新聞社と全国教室ディベート連盟の共催）。

中学の部の論題 「日本は小売店の深夜営業を禁止すべきである。是か非か」

▶ 決められた時間内に主張とその根拠をわかりやすく伝える中学生ディベーター。

高校の部の論題 「日本は企業に対する正社員の解雇規制を緩和すべきである。是か非か」

◀▲ 大学生や専門家のような、高度なディベートを行う高校生ディベーターたち。

即興ディベート 「日本は学校が児童・生徒に宿題を課することを禁止するべきである。是か非か」

◀ 開始直前に発表された即興ディベートの論題。

▼▶ その場で論題が発表されるため、知識、経験がためされる即興ディベートは、毎年大きな盛り上がりを見せる。

ディベート甲子園の特徴

❶ **試合の直前まで立場がわからない**
賛成グループ・反対グループの割りふりがランダムに決められます。参加選手は、自分がどちらの立場になるのか、直前までわかりません。

❷ **一定のルールにしたがって議論する**
だれがどういう順番で、何分以内に話すか、という細かいルールが決められています。ひとりが話しているときは、ほかの人の発言は許されません。

❸ **審判を説得する**
ディベーターは審判を説得することを目的として話さなければいけません。

❹ **理由・筋道をつけて主張する**
試合で行う主張は、いつも理由と筋道をつけたものでなければいけません。

表彰式

▲ 表彰式で優勝旗を受けとる渋谷教育学園幕張中学校のディベーター。

◀▼ 表彰式では、ベストディベーター賞やベストコミュニケーション賞などの特別賞も表彰される。

論題例 ❶

「匿名による SNS 投稿は許されるべきだ」

定義 SNSとは、「ツイッター」「フェイスブック」などに代表される、インターネットを通じたコミュニティ形成を支援する会員制のサービスを指す。 など

　賛成グループは匿名でSNSに投稿することで生じるメリット、反対グループは匿名でSNSに投稿することで生じるデメリットを、それぞれあげていきます。

◯ 賛成グループが主張するメリット

❶ 個人情報が守られる。

❷ ストーカー、アドレス乗っとりなどの犯罪から守られる（情報発信だけであれば、実名を名乗る必要がない）。

❸ 自由が味わえる（本音を書ける）。

❹ つながりたくない人とは、つながらないでいられる。 など

✕ 反対グループが主張するデメリット

❶ 責任をもった発言ができない（信頼できない）。

❷ 差別的発言・誹謗中傷やめいわく行為が多くなる。

❸ 本当の友人関係（コミュニティ）をきずけない。

❹ うその情報が増える。 など

立論マップの例

賛成グループ **1** 「個人情報が守られる」 <mark>見出し</mark>

（1）「個人情報の流出によりストーカーなどの犯罪が増加している」 **現状分析**

個人情報の公開は犯罪が生まれる原因になる**(主張)**

ＳＮＳで個人情報が流出したことによるストーカー被害(資料)が起きているから**(根拠)**

（2）「匿名投稿することで不必要な情報流出を防げる」 <mark>**論題実施によるメリット**</mark>

匿名による投稿は不必要な情報流出を予防する**(主張)**

情報発信だけであれば匿名でも問題ないから**(根拠)**

（3）「匿名による投稿には大きな意味がある」 <mark>重要性</mark>

個人情報が守られるというメリットはやはり重要だ**(主張)**

不必要な情報流出による犯罪を予防できるから**(根拠)**

ほかのメリットでも立論マップを考えてみてね！

「修学旅行の班は抽選ではなく、好きな者どうしにすべきだ」

定義　「修学旅行」とは、毎年小学6年生の5月に行われる一泊二日の旅行を指す。　など

　賛成グループは好きな者どうしで班のメンバーを決めることで生まれるメリット、反対グループは好きな者どうしで班のメンバーを決めることで生まれるデメリットを、それぞれあげていきます。

賛成グループが主張するメリット

❶ チームワーク（団結力）がよくなる。

❷ ものごとを決めるときにスムーズに進む。

❸ 自分たちで○○をしよう、という積極性が身につく。　など

反対グループが主張するデメリット

❶ 特定の班にとって不平等。

❷ なれ合いが生まれる。

❸ 同じ友だちとばかりつき合うことになる。　など

はんたい　　　　　　　　　　とくてい　　はん　　　　　　　ふ びょうどう　 み だ
反対グループ **1** 「 特定の班にとって不平等」 **見出し**

　　　 ちゅうせん　　　　　　　　　 はん　あたら　　　にんげんかんけい　　　げんじょうぶんせき
（1）「抽選はすべての班に新しい人間関係をつくる」 **現状分析**

　　　　 はん　　　　　しんせん　にんげんかんけい　う　　　　　　 しゅちょう
　　　　どの班にも新鮮な人間関係が生まれる(**主張**)

　　　　 ちゅうせん　　なか　　　　　　ひと　　　　　　　　　　ひと　　　　　　　　　　　 こんきょ
　　　　抽選だと仲のいい人もそうでない人もいっしょになるから(**根拠**)

　　　 とくてい　 はん　　　なか ま　　　　　　　　　　　ろんだいじっ し
（2）「特定の班だけ仲間はずれになる」 **論題実施によるデメリット**

　　　　 す　　　もの　　　　　　き ぼう　　　　　　　　　　　　 はん　　　　　　 で　 しゅちょう
　　　　好きな者どうしだと希望どおりにはならない班がひとつか2つは出る(**主張**)

　　　　 はん　　　き　　 にんずう　 わ　　　ひつよう　　　　　ひと　で　　　　　　こんきょ
　　　　班は、決められた人数に割りふる必要があり、あまる人が出るから(**根拠**)

　　　 とくてい　 はん　　　なか ま　　　　　　　 ひと　しょう　　　　　しんこく　しんこくせい
（3）「特定の班だけ仲間はずれになる人が生じるのは深刻」 **深刻性**

　　　　 ぜんいん　まな　き かい　　　とくてい　 はん　ふ たん　し　　　　　　　　　　しゅちょう
　　　　全員で学ぶ機会に、特定の班に負担を強いてはいけない(**主張**)

　　　　 たの　　まな　き かい　　　　しゅうがくりょこう　　　　　　　 はん　　こ りつかん　あじ　　　　　　　　こんきょ
　　　　楽しみ学ぶ機会である修学旅行なのに、ある班だけ孤立感を味わってしまう(**根拠**)

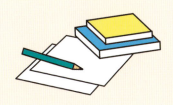

ほかにどんな
デメリットが
かんが
考えられるかな？

論題例 ❸

「小学生がゲームで遊ぶ時間は制限するべきだ」

定義 「ゲーム」とは、シューティングゲーム、アクションゲーム、ロールプレイングゲーム、パズルゲームなど、家で行うコンピュータゲーム全般を指す。「制限する」主体は親（あるいは身近なおとな）であることとする。　など

　賛成グループはゲームで遊ぶ時間を制限することで生まれるメリットを、反対グループはゲームで遊ぶ時間を制限することで生まれるデメリットを、それぞれあげていきます。

⭕ 賛成グループが主張するメリット

❶ ほかにするべきこと（宿題や手伝い）とのメリハリがつく。
❷ 効率よくものごとを進められるようになる。
❸ 集中力が身につく。
❹ ルールを守る習慣が身につく。　など

❌ 反対グループが主張するデメリット

❶ 自主性が身につかなくなる（制限するならば自分で制限すべき）。
❷ 計画性が身につかなくなる。
❸ 持続力が身につかなくなる（好きなことは思う存分続けるべき）。
❹ 決められた枠組みのなかでしか発想できなくなる。　など

賛成グループ **3** 「集中力が身につく」 ==見出し==

（1）「制限がないとダラダラする」 ==現状分析==

ゲーム時間は制限されていたほうがいい**(主張)**

ダラダラと続けてしまうと、むしろ楽しみも減ってしまうから**(根拠)**

（2）「集中力が身につく」 ==論題実施によるメリット==

頭を切りかえ、短時間でも集中して楽しむことができる**(主張)**

ほかにするべきこと（宿題や手伝い）とのメリハリがつくから**(根拠)**

（3）「時間制限には大きな意味がある」 ==重要性==

勉強やほかのものごとに取り組むうえでも、集中力はひじょうに大切だ**(主張)**

新聞の調査(資料)が裏づけているから**(根拠)**

メリットによる
重要性が
だいじなんだ！

論題例 ④

「来月のクラス・レクリエーションは、『長縄跳び大会』から『ビブリオバトル』に変更すべきだ」

定義 「長縄跳び大会」は、クラス全員でひとつの長縄跳びを何回跳べるかに挑戦するクラス・レクリエーションを指す。「ビブリオバトル」とは、発表者が読んで面白いと思った本について紹介し、発表後に参加者全員でディスカッションし、その後「どの本をいちばん読みたくなったか」について参加者全員で投票を行うゲームを指す。

　賛成グループは「ビブリオバトル」を開催することによるメリットを、反対グループは「長縄跳び大会」を開催することによるメリットを、それぞれあげていきます。

⭕ 賛成グループ（「ビブリオバトル」のメリット）

❶ 本に親しむ機会が増える。

❷ プレゼンテーション能力が高まる。

❸ 聞く力がきたえられる。　など

❌ 反対グループ（「長縄跳び大会」のメリット）

❶ 男女差をこえたチームワーク（団結力）をやしなえる。

❷ 楽しみながら体力（持久力）がつく。

❸ うまく跳べるようにくふうする力（戦略を考える力）が身につく。　など

反対グループ **1** 「男女差をこえたチームワーク（団結力）をやしなえる」 見出し

（1）「男女で協力する機会が少ない」 現状分析

　　男女混成チームの「長縄跳び大会」により、男女が協力できる（主張）

　　今のクラスでは男女で協力する機会が少ないから（根拠）

（2）「チームワークをやしなうには『長縄跳び大会』がいい」 「長縄跳び大会」実施によるメリット

　　「長縄跳び大会」をすることでチームワークをやしなえる（主張）

　　長縄跳びをうまく跳ぶために、参加者は自然と協力するから（根拠）

（3）「『ビブリオバトル』のメリットよりチームワーク養成のほうが重要」 重要性

　　「長縄跳び大会」でチームワークをやしなうと、クラス全体の勉強の成績も上がる（主張）

　　ふだんの授業中でも、みんなで助け合って発言したり、教え合ったりするようになるから（根拠）

現状分析も
たいせつよ！

さくいん

監修　特定非営利活動法人　**全国教室ディベート連盟**

小学校・中学校・高等学校等の児童・生徒及び教員等を対象に教室ディベートの研究会・研修講座・ディベート大会等の事業を行い、ディベートの発想と技術を学校や社会に普及させることをもって、健全な市民社会を構築することを目的として、1996年に設立（2004年に法人認証）。
中学生・高校生を対象とした日本語の競技ディベートの大会「全国中学・高校ディベート選手権」（ディベート甲子園）を、1996年から毎年夏に主催・運営している。（Webサイトは、http://nade.jp/）

執筆　佐藤美奈子(さとう　みなこ)

イラスト　荒井佐和子(あらい　さわこ)

編集・デザイン　ジーグレイプ株式会社

編集協力　粟田佳織(あわた　かおり)

写真提供　株式会社アマナイメージズ／ AFP＝時事／時事通信

ディベートをやろう！

論理的に考える力が身につく

2017年12月1日　第1版第1刷発行

監修者　特定非営利活動法人 全国教室ディベート連盟
発行者　瀬津　要
発行所　株式会社PHP研究所
　　　　東京本部　〒135-8137　江東区豊洲5-6-52
　　　　　　児童書出版部　☎03-3520-9635（編集）
　　　　　　児童書普及部　☎03-3520-9634（販売）
　　　　京都本部　〒601-8411　京都市南区西九条北ノ内町11
　　　　PHP INTERFACE　https://www.php.co.jp/
印刷所　共同印刷株式会社
製本所　東京美術紙工協業組合

63P 29cm NDC375